Per què

(...escric)

Klaus Ebner

Per què

(...escric)

© 2020 Klaus Ebner, www.klausebner.eu (4ª edició)
© Traducció: Klaus Ebner – «Warum (… ich schreibe)»
© Disseny i maquetació: Klaus Ebner, a partir d'un dibuix de Janet Gooch (www.pixabay.com) i una fotografia de Karl Grabherr (www.grabherr-photography.com)

Edició i impressió: BoD–Books on Demand, Norderstedt, RFA
BoD España, Madrid
Printed in the European Union
ISBN: 978-84-13267104

Taula

La pregunta

Els escriptors ens preguntem sempre, de manera automàtica, *per què* escrivim. He llegit una pila de vegades aquesta afirmació, o altres de semblants, en diversos articles i comentaris, i fins i tot en la literatura filològica. Però, és realment així?

Pensant-hi bé, diria que, en realitat, el que passa és una mica diferent: no són pas els escriptors els qui, per una necessitat interna, es fan aquesta pregunta, sinó que són més aviat les persones del seu entorn —les lectores i els lectors, els amics i la família, i, finalment, els periodistes i estudiosos de la literatura— les que intenten descobrir quina és la motivació o, com podem llegir de vegades, la font d'inspiració que fa possible que ciutadans honrats s'arribin a transformar en autores i autors.

La pregunta sobre per què escrivim demana una justificació. Però, per què ens hem de justificar? Sembla que les escriptores i els escriptors siguem persones desviades de la societat, *outlaws*, somiadors irresponsables i bojos. Bé, admeto que potser sí que en som una mica, de bojos, perquè, des d'un punt de vista objectiu, el fet de seguir una vocació que gairebé sempre dona molta feina, però de la qual s'obtenen ben pocs diners (i que només permet que una ínfima minoria de nosaltres ens hi guanyem la vida), no encaixa en cap pensament econòmic o, simplement, racional.

Jo mai no m'he fet la pregunta de *per què* escric. Escriure forma part de la meva essència, és l'expressió de la meva personalitat i no em puc imaginar la vida sense escriure, igual que em costa imaginar-me-la sense alguna de les meves extremitats. Però, naturalment, a mi també me l'han fet sovint, aquesta pregunta. De primer, acostumava a restar amb la boca oberta (és a dir, amb cara de babau), sense saber què respondre. Probablement no entenia ben bé *què* era el que em demanaven. A poc a poc, però, vaig iniciar un llarg procés de reflexió.

La pregunta sobre el *perquè* no és senzilla. Per acostar-s'hi i trobar, finalment, alguna resposta sòlida, és recomanable explorar amb atenció l'evolució personal, és a dir, en el meu cas, com i per què, des d'un bon principi i a partir de la infantesa, de mica en mica he arribat a ser la persona que avui soc.

L'inici

Sens dubte, tot comença a la infantesa. En aquest període no admeto la pregunta del perquè, ja que moltes de les coses que passen durant la infància no estan sotmeses a un control voluntari i n'hi ha que continuen sent un misteri per sempre més.

El meu talent per la llengua es va manifestar ben aviat. La meva mare deia sovint que jo ja parlava fent frases completes i amb fluïdesa quan tot just tenia *un any*. Em costa prendre'm aquesta afirmació al peu de la lletra, probablement perquè no conec cap criatura (i, aquí, hi incloc els meus fills) que hagi tingut una competència lingüística tan sorprenent a l'edat de només un any.

El que sí que recordo molt bé és que, durant els primers anys de vida, no vaig sentir cap mena de dialecte ni d'argot. Vivíem a Viena, la capital austríaca, i per als meus pares era important que el seu fill parlés *bé*, és a dir: *segons la llengua escrita*, que sovint anomenaven també —de manera incorrecta— *alt alemany*). Ignoraven que pertanyen a l'alt alemany absolutament totes les varietats, registres i dialectes de l'alt germànic superior i inferior, i que només en difereix el baix alemany, parlat a l'extrem nord de la República Federal d'Alemanya. A la meva família, gairebé ningú no parlava en l'argot vienès, i els meus contactes esporàdics amb els dialectes es reduïen a les vacances familiars a la Caríntia (sobretot al llac de Klopein), ja que la meva estada al parvulari va ser només d'unes quantes setmanes i no va tenir cap impacte formatiu per a mi.

Un dia, quan devia tenir quatre o cinc anys, la mare va córrer cap a mi a l'escala de casa (no recordo què hi fèiem) i em va renyar perquè havia dit una *paraulota*. Jo no sabia de què parlava, i vam tenir una discussió farcida de retrets, rèpliques i preguntes. Com que no entenia la causa de la seva ira, li vaig demanar que em digués quina paraula era, perquè només així seria capaç de saber si realment havia sortit de la meva boca o no. Em va fer l'efecte que passava ben bé mitja hora (tot i que no devien ser més de deu minuts, a tot estirar) fins que, finalment, ella va afluixar aquella *paraulota* (que, malauradament, se m'ha esborrat de la memòria). Era la primera vegada a la vida que la sentia. Ja no recordo si era obscena o no, però, en canvi, estic ben segur que es tractava d'una expressió dialectal.

L'argot vienès va passar a formar part del meu idiolecte a l'escola, però només quan estava amb els amics o companys de classe. Perquè sempre sentia que l'argot i el dialecte no pertanyien a la meva llengua pròpia, sinó que eren parlars estranys, que, efectivament, em veia obligat a utilitzar, però que rebutjava i detestava. Tenir la possibilitat i l'obligació de parlar amb els mestres *segons la llengua escrita* era per a mi com un raig d'esperança i tenia un valor immens. (És per això que vaig rebutjar, des del primer dia, els dos mestres que van tenir l'acudit de parlar en dialecte a classe per tal de fer-se seus els alumnes; ells m'ho van fer pagar posant-me notes baixes.)

Al segon curs de l'educació secundària, encara res no feia preveure que les llengües estrangeres m'acabarien apassionant. El meu primer examen escrit en anglès (una assignatura que a l'inici menyspreava, per descomptat) fou inoblidable. La pregunta era: *Does your friend speak German?* Malgrat la meva manca d'atenció constant, a mi m'havia quedat ben clar que els noms propis, en anglès, començaven amb una majúscula, i per això vaig escriure la meva resposta al quadern sense dubtar gens ni mica: *Yes, German is my friend.*

A partir del primer curs de secundària, teníem llatí. Un fiasco darrere l'altre durant sis anys! Si no vaig repetir cap curs, fou només gràcies al professor dels quatre últims anys, que devia endevinar els meus talents (entre els quals, sens dubte, no figurava el llatí) i em va agafar per l'orella i em va arrossegar fins al batxillerat.

Però, aleshores, durant les vacances que van precedir el tercer curs de secundària, vaig descobrir el francès. I, com se sol dir: allò fou un amor a primera vista! A partir del primer any d'educació francesa, vaig deixar els companys de classe molt enrere. Després, pel meu compte, vaig estudiar altres llengües romàniques. Aprendre aquests idiomes em produïa un gran plaer (un plaer que encara sento avui), i descobrir llengües noves, també. M'atreien tots els idiomes i les seves diferents literatures: les novel·les i els contes d'altres cultures, la poesia i les obres de teatre. Les diferències que hi havia en l'ús d'alguns conceptes literaris em sorprenien. I, al cap de poc, ja era capaç d'enumerar una llista de noms d'autors, dels quals els meus companys no havien sentit mai a parlar.

Els llibres (I)

L'argot i el dialecte no formen part del meu equipatge d'autor, però sí que en formen part, en canvi, la llengua estàndard austríaca i la llengua escrita alemanya. Vaig començar a llegir llibres ben aviat, a l'escola primària, poc després d'haver desenvolupat una certa capacitat lectora, també gràcies a la insistència de la meva mare. Recordo que tenia una col·lecció de llibres juvenils amb el llom de color vermell fosc. Era una col·lecció de clàssics de la literatura, alguns dels quals ja havien estat escrits per als infants, però també hi havia veritables monuments de la literatura mundial, abreujats per als lectors més menuts i simplificats pel que fa al llenguatge. Hi havia títols com *L'illa del tresor, Les aventures de Tom Sawyer, Moby Dick* o *Els viatges de Gulliver*. No va ser fins anys després que vaig adonar-me que m'havien nodrit principalment amb traduccions de literatura escrita en anglès (sense cap propòsit ocult). Potser aquella col·lecció contenia també *Vint mil llegües de viatge submarí* o *Les aventures de Pinotxo*, però no ho recordo amb detall. El que sí que m'ha quedat gravat és que hi havia un llibre sobre un noi indi que vivia als boscos de les Muntanyes Apalatxes, al segle XVII o XVIII, i que, en una prova de valentia, es perdia i havia de lluitar per arribar a l'edat adulta. Crec que no era un llibre cèlebre, perquè el títol ha desaparegut sense deixar rastre en la boira de la meva infantesa passada.

Abans de cada Nadal feia llistes, en les quals determinava meticulosament quin llibre m'havia de regalar cada membre de la família. En el cas de la meva tia àvia, jo ja sabia que havia de triar-ne algun del catàleg d'un club de llibres; pel que fa als altres, podia actuar amb més llibertat. Normalment funcionava bé: els pares garantien que es complissin les meves sol·licituds. Crec que no tenia ni deu anys quan vaig *encarregar* així *Els quaranta dies del Musa Dagh*, de Franz Werfel. Penso que el que em captivà fou la coberta acolorida del llibre, perquè llavors no podia llegir aquell volum; encara havien de passar dècades fins que fos capaç de fer-ho. Durant els darrers cursos de l'escola primària, vaig col·leccionar els llibres de Karl May, que considerava molt famosos, però dels quals vaig llegir gairebé només els volums que passaven a l'Amèrica del Nord o del Sud. Quan, un dia, en un programa de televisió, vaig descobrir que May era gairebé desconegut fora dels països de parla alemanya, vaig quedar xocat.

A les meves llistes de desitjos per Nadal hi havia llibres de no-ficció i també els primers clàssics de la literatura d'arreu del món. Quan, pels volts dels quinze anys, juntament amb el meu amic Peter, vaig descobrir la ciència-ficció angloamericana i vam devorar una gran quantitat de títols anglesos, ja era jo mateix qui comprava els llibres (per sort, els volums de ciència-ficció eren força barats). Paral·lelament, però, creixia també en mi el desig d'escriure narracions d'aquell gènere, i per aquest motiu vaig marejar els professors d'anglès i de francès, que em corregien (de bon grat) els escrits que feia, farcits d'historietes extravagants (encara que sigui una mica tard, vull fer-los arribar el meu sincer agraïment!).

No sabria dir en quin moment vaig començar a interessar-me pels llibres més literaris. Només sé que em quedà gravada a la memòria la meva primera lectura d'*El procés* de Kafka: no vaig entendre'n gairebé res, i em turmentà un text avorrit, del qual ni tan sols podia retenir el que havia llegit a les dues pàgines anteriors. Avui, somric i sacsejo el cap, perquè considero que *El Procés* de Kafka és una de les novel·les més grans de la literatura universal.

Recordo molt bé que la literatura universal determinà també l'assignatura d'alemany que vaig cursar a batxillerat. Com que la meva llista de lectures estava tan plena de llibres estrangers (tots traduïts a l'alemany, per descomptat), la professora que tenia em demanà que eliminés referències i hi incloguées una mica més de Goethe-Schiller-Stifter-Schnitzler, cosa que vaig fer de mala gana. (I val a dir que em vaig decebre molt, perquè al final no em va fer cap pregunta sobre la literatura universal, que jo trobava magnífica.)

A segon de batxillerat, per Nadal, vaig demanar als pares l'obra completa de Paul Celan. En no trobar-la sota l'arbre, vaig tenir una decepció enorme, però vaig callar, fent un esforç dolorós. Aquella no va ser una nit feliç, per a mi, fins que la mare, prenent-me per banda, em revelà que el lliurament de l'editorial s'havia endarrerit i em donà un val (aleshores, en secret, em vaig avergonyir d'haver reaccionat com un nen ploraner). Després de les vacances, content com un gínjol, me'n vaig anar cap a la llibreria (que avui ja no existeix), prop de la Catedral de Sant Esteve de Viena, per desenterrar-hi el meu nou tresor.

Els pioners

És possible que m'hagi oblidat d'esmentar un punt important: hi ha molts escriptors que han escrit notes, assaigs o llibres sencers sobre aquest tema. És evident que, els qui escrivim, coneixem alguns d'aquests textos. Així, doncs –i és precisament per això que parlo d'oblit–, la pregunta del perquè també em va arribar a través de la literatura. Durant els estudis de filologia, ja em van caure a les mans nombrosos comentaris d'autores i autors que feien referència a aquest tema.

Un dels primers autors que vaig veure que abordava la pregunta de per què escriure va ser Jean-Paul Sartre. L'obra d'aquest escriptor i filòsof ja m'havia agradat en el meu període escolar. Me n'havia llegit de dalt a baix les obres de teatre i les novel·les, m'havia iniciat també en la seva filosofia i havia gaudit dels seus textos autobiogràfics. Poc després, vaig topar amb el llibret titulat *Qu'est-ce que la littérature ?* Vaig devorar aquest assaig més com a autor en potència que com a estudiant (i, molts anys després, encara vaig rellegir-lo una segona vegada). D'acord amb la seva concepció de l'existencialisme, Sartre hi defensa aferrissadament la tesi que no hi pot haver literatura sense compromís (polític) i que la literatura, quan el compromís no hi és, no té cap valor. En aquest assaig, Sartre en dona exemples, demostra el compromís polític o social de molts textos contemporanis, però ataca també els autors centrats sobretot en l'art, provinents del simbolisme o que mantenen decididament la màxima de *l'art pour l'art*. Segons Sartre, la literatura sempre s'escriu per a altres i, per tant, no té cap sentit posar l'art, per si mateix, en el punt de mira.

L'assaig de Sartre m'impressionà, sens dubte. Va afalagar les meves idees juvenils i, avui en dia, quan fullejo els escrits mediocres que em van publicar a les revistes literàries d'aleshores, em queda clar que en aquell moment jo, d'alguna manera, intentava implicar-me sociopolíticament i volia expressar aquest compromís en els meus escrits. Tot i això, en llegir aquell assaig, em va quedar una sensació incòmoda, perquè no em va agradar que Sartre condemnés tota una sèrie d'autors (que, en molts casos, jo apreciava moltíssim). Amb els anys, cada vegada estic més convençut que *l'engagement* de Sartre pot ser *un* motiu per escriure, però de cap manera l'únic i, sobretot, no s'ha de convertir en una obligació.

Amb el llibre *How to write*, Gertrude Stein va fer un salt endavant. Aquesta autora no formula la pregunta de per què els autors escriuen o haurien d'escriure, ho accepta sense comentar-ho. El que fa, en canvi, és endinsar-se en les tècniques d'escriptura i les eines lingüístiques que els escriptors haurien d'interioritzar per arribar a produir bona literatura.

George Orwell es va passar tota la seva (curta) vida aprofundint en el llenguatge polític i ideològic. La seva raó d'escriure era el compromís polític, en la mateixa línia de Sartre, i al breu assaig *Why I write* respon, breument, la pregunta sobre per què va triar aquest camí amb les seves experiències de jove a les colònies britàniques i, anys més tard, a la Guerra Civil espanyola. Em sembla que els comentaris de l'escriptora Montserrat Roig (morta, també, massa prematurament) tenen relació amb l'explicació que dona Orwell, ja que ella atribueix el seu impuls d'escriure a l'opressió brutal a la qual la població catalana va estar exposada sota el règim de Franco. L'escriptor Josep Pla, català com ella, va crear, malgrat la dictadura feixista, una magnífica obra literària. Segurament devia sentir un impuls similar.

Al text *Why write?*, Paul Auster afirma que va començar a escriure gairebé per accident, simplement perquè una vegada, quan tenia vuit anys, va intentar obtenir un autògraf de l'estrella de beisbol que admirava i no va aconseguir-ho, ja que no duia res per escriure. Aquest autor comenta que, si t'acostumes a dur un llapis a la butxaca, és molt probable que algun dia et sentis temptat de fer-lo servir, i que fou així com ell mateix va acabar convertint-se en escriptor.

Veig que molts dels meus col·legues troben una raó de pes per escriure; hi ha autors, com Sartre, que són capaços de fonamentar la seva obra des d'un punt de vista teòric i, d'aquesta manera, justificar-la.

No obstant això, tinc els meus dubtes sobre aquest posicionament. No em puc imaginar que cap escriptor pugui crear literatura si a la seva personalitat no hi ha aquesta habilitat o predisposició des del primer moment. Un autor pot produir els seus textos més tard o més d'hora, però no crec que calgui trobar-hi cap causa o cap motivació completament externes.

L'escola

L'escola influeix en el desenvolupament d'un autor? Crec que aquesta pregunta es pot enfocar des de diferents punts de vista. És indiscutible que aprenem a llegir i escriure a l'escola. L'escola ens familiaritza amb els llibres i la literatura (almenys així era als anys setanta i vuitanta), i ens anima a interpretar contes i poemes. (Podríem comparar la interpretació de la poesia amb l'activitat de la indústria alimentària: al principi, se separen els diferents ingredients i, a continuació, es tornen a barrejar seguint una nova recepta.) És evident que les classes d'alemany (o, en general, les de llengües estrangeres) deixen empremta, i els professors de llengües poden promoure el talent lingüístic i narratiu o, també, empitjorar-lo. Puc dir amb consciència clara que els meus professors pertanyien al primer grup, tot i que ignoro fins a quin punt n'eren conscients.

Tanmateix, voldria començar pel començament: tinc ben pocs records de l'escola primària, de manera que he hagut de basar-me en allò que m'explicava la mare sobre la meva mestra de primària, que sembla que tenia un gran interès a posar les bases perquè els seus alumnes assolissin una competència sòlida en alemany i una correcta ortografia.

Potser fou a quart de primària que, gràcies als embolcalls de xiclet o d'altres llaminadures, vaig aconseguir una pila d'adhesius amb imatges per enganxar als quaderns o en fulls (i, probablement, també en altres objectes). No vaig parar fins que em van comprar una llibreta d'aquelles que serveixen per apuntar el vocabulari, amb tres columnes, i, a partir d'aleshores, la vaig convertir en el meu secret. Al vespre, fins i tot quan ja era al llit, escrivia una història breu a cada pàgina, enganxant-hi els adhesius que més s'hi esqueien. Eren contes de pirates i xinesos, d'aventures al mar i de lluites contra els monstres que aleshores jo imaginava que hi havia a l'oceà. Quan una d'aquelles historietes era massa llarga per a una sola pàgina, feia servir una pàgina doble; però havia de començar sempre a l'esquerra i seguir a la dreta, perquè odiava haver de girar pàgina al bell mig de la història. Hi escrivia curosament i amb tinta, amb lletra d'impremta, que al meu país s'anomena *Heinzelmännchenschrift* (que significa: *escriptura de follets*), per tal que algun dia la posteritat pogués desxifrar la meva mala lletra. Quan m'equivocava i havia de rectificar una paraula o bé eliminar-la del tot, m'enfadava moltíssim, perquè ja havia començat a desenvolupar un cert sentit de l'estètica. La meva intenció era, definitivament, escriure *un llibre d'històries molt bonic.*

Em sap molt de greu que el resultat d'aquell intent infantil d'escriure no hagi sobreviscut.

La fita següent, si podem dir-ne així, fou durant el sisè curs de primària. Em vaig proposar d'escriure una obra de teatre per assajar-la després amb els companys de classe i representar-la, finalment, al teatre de l'escola. Un mestre d'alemany (que no era el meu) acceptà de supervisar els assajos a la tarda, és a dir, d'acompanyar-nos de manera oficial (malgrat que, en realitat, de tant en tant, s'adormia i el sentíem roncar ben fort). Vam comprar paper arrissat, cola i cartolines de colors perquè havíem de fer disfresses de romans i gals amb els pocs recursos que teníem. L'obra tractava sobre els gals irreductibles d'Armòrica, volia posar en escena la idea bàsica d'un àlbum d'Astèrix, del qual vaig fer una còpia maldestra. Quan, finalment, vaig acabar la peça i la vaig portar a classe, vaig tenir la primera decepció: només tenia tres pàgines; és cert que els fulls estaven atapeïts de lletres minúscules escrites amb la màquina d'escriure del pare, però, al capdavall, només ocupava tres pàgines, que es podien representar a l'escenari, com a màxim, en vint minuts. En veure-ho, els meus companys van badar uns ulls com unes taronges i van manifestar la seva indignació. El professor decidí que no volia passar cap més tarda a l'escola (potser fèiem massa soroll i no volia renunciar a un son ben merescut) i d'aquesta manera el projecte, finalment, morí. Em va saber molt greu, però així, almenys, la meva bogeria no es va convertir en un desastre més gran.

Al segon curs de secundària vam tenir una professora d'alemany diferent, que era nova i encara molt jove.

La professora

Acabava de passar l'examen per tenir el títol de professora i començà la seva carrera al nostre institut com a ensenyant d'alemany i de matemàtiques: Christine Hollmann. Tal com es pot esperar dels professors joves, estava força compromesa i motivada. Crec que vam ser el seu primer curs, i així fou com va topar amb: mi.

Tot i que no havia estat mai el meu estil, durant les primeres setmanes i mesos de classes d'alemany, vaig posar-me a actuar d'una manera descarada, em comportava de forma molt rebel i mantenia un posat arrogant. No escoltava gens a classe, ignorava la professora, no feia els exercicis i, quan els feia, demanava als meus companys de classe que els hi lliuressin en nom meu. Potser em sentia superior a aquella professora que em semblava insegura, o potser, per una vegada, volia ser el carallot de la classe… sincerament, no tinc ni idea de quina mena de dimoni em guiava en aquells moments.

La senyora Hollmann, amb tot, perseverà. Em plantà cara amb una objectivitat ben professional, amagant-me la ira que sentia i, probablement, també la seva desesperació. Fins i tot lloà la qualitat lingüística dels assajos punitius que em feia escriure, tot i que jo em burlava d'ella constantment en el recompte del nombre de paraules.

I, finalment –potser amb setmanes de retard, però quan encara hi era a temps–, va fer l'única cosa correcta que es podia fer en una situació com aquella: convocar la meva mare a una reunió. I resulta que jo tenia una por terrible de la mare (tot i que la professora no podia saber-ho de cap manera)!

Recordo perfectament el dia que la mare va anar a veure-la. A última hora ens tocava la professora Hollmann i ella va venir a acomiadar-nos al vestíbul. Com que, pensant en la reunió, tenia mal de panxa, vaig adreçar-m'hi i li vaig preguntar, una mica encongit, per la reacció que havia tingut la mare. En lloc de respondre'm, ella em mirà d'una manera força emocionada (crec que gairebé m'hauria abraçat) i exclamà: «Benvolgut Klaus, per fi em parles!»

A partir d'aquella conversa, el meu comportament estrafolari es va acabar. Al cap de poc, ni jo mateix era capaç d'explicar-me les causes d'aquell inici de curs fracassat. Però, com que en els meus anys d'institut, durant força temps, la senyora Hollmann va tenir fama de ser una professora bastant estricta, m'amoïnava pensar que potser jo li havia fet la punyeta amb les meves facècies. (Avui em consta que ha mantingut el seu compromís i la seva personalitat acollidora.)

Per què explico tot això? Doncs perquè dec a aquesta professora cinc anys d'una formació excel·lent en llengua alemanya. Malgrat que aleshores em distreia sovint, recordo que després, mentre cursava els estudis de filologia germànica, força vegades vaig pensar: «Caram, això jo ja ho havia sentit en alguna classe d'alemany!» Aquella professora ens va ensenyar història de la llengua i va fer-nos una petita introducció a l'alt alemany mitjà; i, pel que fa a la literatura, va permetre que em desfogués i triés els temes de les presentacions amb una llibertat gairebé absoluta.

Gràcies a aquesta professora d'alemany, el meu amic Peter i jo vam tenir notícia d'unes convocatòries literàries adreçades als joves: *Junge Literatur aus Österreich* (Literatura Jove d'Àustria), de l'editorial *Österreichischer Bundesverlag*. Inicialment es tractava de votar a la classe els millors textos (per obtenir, amb una mica de sort, un premi per a tot el grup), però, tant en Peter com jo, de seguida vam tenir clar que hi enviaríem també els nostres propis escrits.

Teníem disset anys, i fins aleshores només havíem escrit contes de ciència-ficció plens d'exageracions i d'anècdotes estranyes, sobretot per als deures i els exàmens. Ara mateix no recordo com va anar concretament, però diria que fou aquell concurs literari que ens va anunciar la professora d'alemany el que va marcar en mi l'inici d'una producció literària pròpia permanent i seriosa. És evident que aleshores em quedaven moltes coses per aprendre i que encara havia de fer un llarg camí (un camí que, llavors, m'era del tot desconegut). El Premi Literari per a Joves del banc austríac *Erste Österreichische Spar-Casse*, que em fou concedit per una novel·leta la tardor de després d'acabar el batxillerat —principalment gràcies a la intercessió del crític i membre del jurat Hans Weigel—, fou un petit pas (o, més aviat, una ensopegadeta) cap a la meva vida d'autor, cosa que no vaig comprendre en aquell moment.

Els llibres (II)

Inicialment, volia estudiar interpretació. Vaig decantar-me per la traducció després d'adonar-me que ni tan sols era capaç de repetir sense alteracions un text parlat a la ràdio –tenia, doncs, unes condicions pèssimes per a la interpretació simultània. En canvi, sobresortia en el llenguatge escrit. Al segon any de carrera vaig matricular-me a filologia anglesa i filologia romànica, però aviat vaig abandonar la filologia anglesa, vaig triar el francès com a especialitat principal (a la facultat de Romàniques) i em vaig matricular també d'alemany (a la facultat de Germàniques) com a especialitat secundària. Vaig fer aquests estudis addicionals pel meu compte, perquè a la facultat de Traducció i Interpretació no es toquen els textos literaris. S'hi tradueixen textos especialitzats d'economia, dret i tecnologia, i potser també articles d'humanitats, que inclouen aspectes filològics, però no obres literàries.

En els estudis de romàniques i germàniques vaig poder estudiar literatura de manera regular, vaig continuar fent créixer, amb molt d'interès, la meva biblioteca –afegint-hi, a partir d'aleshores, títols de la literatura francesa– i, d'altra banda, vaig escriure també els meus propis textos.

Mentre els autors existencialistes passaven a un segon pla, vaig descobrir l'escola del *Nouveau Roman*, i vaig sentir una predilecció especial pels llibres d'Alain Robbe-Grillet. Vaig descobrir André Gide, de qui m'encantà la primera novel·la, *Paludes*; els professors de romàniques em van fer conèixer els seus diaris, i vaig entendre que l'obra tardana d'aquest autor, *Thésée*, era una perla lingüística. La prosa de Nathalie Sarraute, en canvi, em semblava dificilíssima i gairebé il·legible, i passaren molts anys abans que pogués gaudir de l'art del seu llenguatge finament cisellat.

La llista de noms és tan llarga, que gairebé no puc retenir-los tots. Sospito, però, que la literatura francesa és la que va influir més clarament en els meus escrits.

A partir de la meva segona llengua, vaig descobrir la porta d'accés per iniciar-me en la literatura italiana. Cesare Pavese, les novel·les lingüísticament complexes de Carlo Emilio Gadda. Amb tot, fou Italo Calvino qui es convertí en el meu autor favorit: una conferència a la facultat em cridà l'atenció sobre el gran llibre *Se una notte d'inverno un viaggiatore* (que consisteix únicament en diversos inicis de novel·la), i avui encara m'agrada fullejar i llegir les narracions cientifico-estranyes de les *Cosmicomiche*.

L'associació

L'associació literària es va constituir sense que jo hi intervingués; tot i així, en Peter va fer per manera que jo hi participés gairebé des del principi. Érem un grup heterogeni de joves que no únicament escrivíem, sinó que també volíem publicar els nostres textos. L'associació també editava la revista literària TEXTE (sí, en majúscules): pàgines i blocs de text mecanografiats amb màquina d'escriure, enganxats a un full de plantilla, que copiàvem i grapàvem uns quants centenars de vegades. Per descomptat, tota la feina es feia manualment. Els escassos llibres i fulletons que de seguida vam publicar també els elaboràvem de manera absolutament manual.

Els textos que vam publicar d'aquesta manera em fan, avui, una mica de vergonya: sense passar cap correcció lingüística, amb faltes, de vegades fins i tot amb uns continguts que fan riure. Com que havíem de lliurar obligatòriament exemplars de cadascun dels títols publicats a la Biblioteca Nacional d'Àustria, ara no podem fer desaparèixer aquelles aberracions juvenils.

A més dels contes i poemes que vaig publicar (que no s'assemblen gens als poemes que escric avui), també vaig escriure novel·les i obres de teatre en aquella època. En total, vaig acabar quatre novel·les. Afortunadament, no n'ha quedat res, però allò em va permetre aprendre què significa planificar, elaborar i portar a terme una obra llarga en prosa com és una novel·la. Aquelles obres probablement van servir per demostrar-me a mi mateix que sí que *era capaç* d'escriure-les (mentre que els drames es van convertir més aviat en un drama i demostraren que *no n'era capaç*).

Escrivíem textos compromesos (a Sartre, li haurien agradat). Vam escriure amb desfici contra la guerra, a favor de la igualtat de drets de les dones, contra la violència i a favor del medi ambient (una reivindicació que, en aquella època, tot just feia les primeres passes). Vam creure que amb els nostres escrits podríem millorar el món, i nedàvem entre la ingenuïtat i la prepotència. En fi, potser al capdavall fins i tot n'hauria pogut arribar a sortir alguna cosa bona, de tot allò.

Finalment, vaig començar una nova novel·la. Però hi vaig treballar només fins al 1987, perquè fou l'any en què, de sobte, tots els meus projectes, plans i somnis van quedar aturats.

La interrupció

L'any 1987 va ser un any de canvis. Quan ja estava a l'última etapa dels estudis universitaris, vaig començar a treballar com a traductor autònom (curiosament, em sortien poques traduccions dels meus idiomes principals, el francès i l'italià, més aviat traduïa textos del portuguès i l'anglès). La nostra associació literària semblava que estava a punt de dissoldre's i els companys de les darreres activitats que hi havíem dut a terme s'encaminaven cap a professions completament diferents. Vaig comprar-me el primer ordinador (un PC amb processador 8088 i un disc dur de 20 MB [!], que llavors em semblà absolutament sobredimensionat) perquè m'adonava que, per oferir serveis de traducció professionals, necessitava un processador de textos. Però el canvi més important fou el naixement del meu primer fill.

De cop i volta, obligat a mantenir una família i conscient que els meus ingressos literaris anuals ni tan sols donaven per sobreviure durant una setmana, em vaig enfocar cap a altres àrees; vaig escriure per a l'editorial Data Becker un llibre sobre el tractament de textos, un tema que cada vegada dominava més, i, poc després, vaig començar a donar classes d'aquest programari en un centre de formació. El paper de pare, que era nou per a mi, a l'inici fou relativament laboriós, i el que quedà a mig camí fou: la literatura.

Vaig decidir deixar d'escriure. Bé, això és el que jo em pensava. L'expressió *de moment* em venia constantment al cap, i, així i tot, intentava ignorar-la. Em deia a mi mateix que a partir del 1987 ja no hi hauria més textos meus. Això també és el que jo em pensava. Perquè, vist en retrospectiva, no va ser ben bé així. Per descomptat, es van acabar les narracions, els contes i, sens dubte, les novel·les. Vam enterrar l'associació literària sense fer gens de soroll i jo vaig perdre els pocs contactes que hi havia fet. Amb tot, el que em va quedar d'aquella època – i mai no he pogut eradicar– fou la impressió que jo, en realitat, era escriptor!

Del que ja no estava tan convençut era de la meva altra activitat, que ara considero una mena d'acte substitutiu. Vaig posar-me a escriure llibres i articles sobre informàtica per a revistes especialitzades d'Àustria, Alemanya i el Regne Unit –aquests darrers, en anglès. Llibres sobre processadors de textos, fulls de càlcul i composició per ordinador (anomenada amb la sigla *DTP*). Certament, tot això no té res a veure amb l'escriptura, és a dir, amb l'escriptura literària, estrictament parlant. O potser sí? Bé, durant cinc anys no em vaig dedicar a escriure cap text literari, i això em va fer patir molt. Estava envoltat dels textos que escrivia sobre informàtica i no hi trobava cap connexió amb la literatura. No va ser fins molt més tard que vaig entendre que aquesta activitat reforçà i aguditzà les meves habilitats d'escriptor. (Quan reps l'encàrrec de presentar un paquet ofimàtic en quinze línies exactes per a l'estreta columna d'un diari, aprens a dominar la llengua automàticament, i ja no acceptes de tornar enrere.)

Vaig fer diversos intents de tornar a escriure literatura, fins i tot em va venir la idea de compondre alguns contes humorístics sobre el món dels ordinadors i oferir-los a una editorial especialitzada en informàtica. Però aquells intents van quedar en no-res, i el paper acabà tan buit com el meu cap. D'aquella època conservo només algunes notes que, anys després, van passar a formar part del meu diari.

Era l'any 1992 i el meu fill tenia ja cinc anys. El mur de Berlín havia caigut i jo em guanyava la vida com a instructor de programaris. Un dia em vaig quedar treballant fins tard, a la nit, probablement preparant un nou curs. Poc abans de mitjanit, vaig apagar l'ordinador i me'n vaig anar cap al lavabo. Em notava una mica estrany: semblava que em passés alguna cosa, vaig tenir la impressió com si un flux d'aire em passés pels dits. Després de raspallar-me les dents, el cor començà a bategar-me amb més força però, malgrat tot, me'n vaig anar a dormir. I, de sobte, vaig veure-ho tot al meu davant: el salt, l'ascens, la Torre Eiffel sota meu… vaig sentir els rajos del sol a la galta i l'aire suau que em lliscava per les mans i em passava entre els dits.

Febril i, tanmateix, sense fer gens de soroll (per no despertar la família), vaig saltar del llit, i, un cop al menjador, vaig escriure a un ritme trepidant una pàgina sencera de notes. En tornar al llit, vaig restar despert durant hores. L'endemà, em vaig clavar davant l'ordinador i vaig escriure una narració d'unes quantes pàgines sense cap interrupció. Una fallada del sistema (abans que hagués desat el document) va estar a punt de provocar-me un atac de nervis i vaig haver de tornar a començar des del principi.

Amb una excitació que mai abans no havia experimentat, sorgiren d'aquesta manera tant la narració *Höhenflug* (*Vol d'altura*) com el jurament de no tornar a abandonar mai més la literatura.

Els llibres (III)

I tornem als llibres. Els llibres m'acompanyen sempre, d'any en any, de dècada en dècada. Però el que llegeixo va canviant. No té a veure només amb l'edat, sinó també amb tot allò que atreu el meu interès i que m'interessa per diferents motius (de caràcter purament privat o bé professional). A principi dels anys 2000, concretament el 2001 i el 2002, vaig tenir la magnífica oportunitat de participar en unes conferències tècniques de la companyia Microsoft en nom de l'empresa on treballo per guanyar-me la vida. Aquelles conferències tingueren lloc a Barcelona.

Havia començat a aprendre la llengua catalana quan tenia disset anys. Mentre estudiava romàniques, em vaig interessar per la cultura catalana, que en aquells moments, a la universitat, era, en el millor dels casos, una matèria secundària. I per al treball final de diplomatura vaig triar un tema vinculat amb els Països Catalans, tot i que vaig haver d'escriure'l en francès.

En el temps lliure que em quedava després d'assistir a aquelles conferències informàtiques, em vaig dedicar a passejar per la capital catalana i entrava a totes les llibreries que trobava. Em meravellava que tinguessin horaris d'obertura molt més amplis que a Àustria (habitualment tenien obert fins les nou o les deu). El meu nivell de competència lingüística era força rudimentari, malgrat els esforços del meu amic Joan, professor i director de l'institut, que m'havia proporcionat molta informació i material d'aprenentatge des de Catalunya. Quan vaig tornar de Barcelona, portava a la maleta un total de cinquanta llibres, la majoria de literatura catalana contemporània, però també uns quants més sobre temes polítics, culturals i de dret.

Això sol, però, no significa res de res; potser únicament que l'espai disponible dels prestatges de casa va disminuir sensiblement.

Al cap de dos anys i mig, però, ja m'havia *llegit* tots aquells llibres, més de set mil pàgines. Aquesta lectura, que inicialment no havia estat planificada, no tan sols em va proporcionar una competència lingüística sòlida, sinó que també fou el fonament de la meva producció poètica en català, que començà de manera espontània al cap de poc.

La meva biblioteca creixia. Un dels protagonistes d'una novel·la meva, quan parla, amb humor, dels seus llibres preuats, s'hi refereix com a primera, segona o tercera biblioteca. *Jo* no els he anomenat mai d'aquesta manera, però admeto que seria una manera escaient de referir-m'hi.

Els catalans

Va succeir de nit. (Per descomptat, era fosc: les nits acostumen a ser fosques!) Quan me'n vaig anar al llit, no podia dormir i em venien al cap diversos mots i fragments de frases: eren paraules en català.

Vaig tornar a encendre de nou el llum, vaig treure de l'escriptori un bloc petit de notes i vaig anotar amb llapis el fragment de la frase que em ballava pel cap. I després, un altre. I encara un altre.

Com podria explicar-ho… vaig mirar les ratlles del full i les ratlles em van mirar a mi. I, quan feia ja una estona que ens miràvem recíprocament, vaig murmurar: «Ostres, però si això és un poema!».

Durant els dies següents vaig anar prenent altres notes com aquella. Era del tot conscient que la lectura intensiva en llengua catalana dels darrers mesos havia agafat vida pròpia al meu cervell. Paraules i frases concretes, que havia llegit en alguna altra banda, es combinaven llavors per convertir-se en alguna cosa nova, amb la qual encara no sabia què havia de fer. De moment, vaig decidir, simplement, anar-ho guardant tot. Al cap d'unes setmanes, ja tenia un document de més de cent pàgines. Constava de diferents escrits, dividits en tres seccions. La primera d'aquestes seccions constava d'uns poemes molt curts, gairebé com si fossin haikus; la segona estava formada per historietes i esdeveniments breus inconnexos, i, a la tercera, s'hi aplegaven textos inspirats en la contemplació de les tres ciutats que, en certa manera, determinaven la meva vida: Viena, París i Barcelona.

Encara indecís sobre el camí que havia d'agafar aquella col·lecció de textos, vaig decidir demanar consell. Vaig contactar amb el meu amic català, en Josep, un escriptor de renom, i li vaig preguntar el seu parer. Li vaig demanar que no tingués pèls a la llengua i que, si creia que els meus escrits eren una porqueria, m'ho digués obertament.

Però no ho digué pas. Ben al contrari. Per sorpresa meva, els poemes li van agradar, especialment els breus, que no duien títol. Les correccions que va fer al document encara em van sorprendre més, perquè, curiosament, eren ben poques. Marcà errors en un de cada quatre poemes —alguna falta d'ortografia, alguna paraula incorrecta o alguna expressió incomprensible— i, la resta, els deixà intactes.

Gairebé cap d'aquests poemes va sobreviure. En vaig reproduir alguns al meu primer poemari, però modificats, i, tota la resta, la vaig esborrar. En Josep (J.N. Santaeulàlia) escrigué un pròleg per a la meva primera obra en català, *Vermells*. Vaig aconseguir que una editorial de la Cerdanya em publiqués el llibre i en una edició bilingüe, ja que jo hi vaig afegir la traducció a l'alemany. (Vaig tenir l'acudit de publicar el poemari amb la traducció, perquè em va semblar que potser així podria oferir-lo també a Àustria i Alemanya. Quina sorpresa, però, quan vaig adonar-me com és de difícil traduir poesia, fins i tot quan es tracta d'una traducció de la meva pròpia poesia i a la meva llengua materna!)

Sense les reaccions dels catalans, la meva obra probablement no hauria passat de ser un experiment agosarat i temerari. I és que el llibre va provocar una mica d'enrenou. Jo mateix vaig contactar amb el diari *Avui* i l'editor en cap demanà de seguida a una les seves col·laboradores que escrigués un article sobre mi. Després de mantenir un breu contacte per correu electrònic, en el qual vaig intentar donar respostes precises a les seves preguntes (per descomptat, hi havia la de «*per què* escric en català»), l'article va aparèixer a la secció de cultura del diari i, quan el vaig veure, vaig quedar sense paraula: era una pàgina sencera de gran format i hi havia una foto meva gegant (cosa que em va fer sospitar, de seguida, que la redactora no havia volgut escriure gaire). L'endemà, va contactar amb mi la redacció de l'emissora Catalunya Ràdio. Em van trucar per telèfon. Sembla (tal com em va comentar més tard el meu editor) que havien intentat posar-se en contacte amb mi de diferents maneres perquè volien fer-me una entrevista en una tertúlia molt popular al programa de la tarda. En directe i aquell mateix dia. Recordo molt bé els nervis que vaig passar, però el moderador ho tenia tot sota control, parlava de tal manera (anava una mica més lent i pronunciava les paraules amb claredat) que vaig entendre sense cap problema tot el que deia, i vaig poder respondre totes les preguntes que em va fer. (Més tard, per correu electrònic, vaig confessar a les redactores que havia tremolat de nervis, i que en acabar m'havia hagut de canviar la samarreta, perquè m'havia quedat xopa de suor.) Al cap de poc, un diari en línia va publicar una ressenya del meu llibre, escrita per una poeta amiga, Marta Pérez i Sierra, i uns mesos després vaig assabentar-me per casualitat que a la prestigiosa *Enciclopèdia Catalana* hi havia un article sobre mi.

En el meu cas, *una* causa important de per què escric és l'entusiasme dels lectors catalans per aquell llibre que vaig escriure en català, un entusiasme que va estimular moltíssim la meva motivació.

Des d'aquell moment, em va semblar que no hi havia cap raó per aturar-me, i vaig continuar escrivint poemaris. Per descomptat, continuava tenint dubtes sobre la qualitat lingüística i literària dels meus poemes. Per què? Doncs, clar i net: soc molt conscient que molts catalans se senten afalagats pel fet que jo, un no-català sense cap vincle familiar amb els Països Catalans, escrigui poemes en català, una llengua sota una forta pressió política i gairebé desconeguda en el context internacional. De manera que vaig sospitar que podria ser que elogiessin i apreciessin la meva poesia només per aquesta raó. Fins que, uns quants anys més tard, concretament el 2014, vaig guanyar el Premi de Poesia Parc Taulí. El meu original, per tant, havia sobresortit entre tots els que havien presentat els altres escriptors, parlants de català nadius. A partir d'aquell moment, ja no hi havia cap excusa, i vaig haver d'acceptar el raonament que, si els meus poemes no tenien prou qualitat, no m'haurien atorgat un premi literari.

La resposta a la pregunta de per què escric poesia en català em sembla complexa i, sobretot, no gaire fàcil d'entendre. El que va sorgir més o menys per casualitat i a partir dels meus hàbits de lectura en una llengua estrangera, tingué un impuls tan gran per la reacció entusiasta dels lectors catalans, que aquesta activitat més aviat insòlita, en el cas d'un austríac com jo, forma ara part integrant de la meva producció literària. Actualment, a més, trobo molt més fàcil compondre poemes en català que no pas en alemany. Sembla estrany i, certament, ho és. Però potser hi té a veure el fet que, tal com digué Samuel Beckett (que es trobava en una seva situació similar, amb dues llengües), amb la meva llengua estrangera em bellugo amb molta més llibertat, informalitat i, en certa manera, amb més valentia.

El perquè

Però, tornem a la pregunta del perquè. És adequada? Respondre, simplement, «perquè haig de fer-ho», sona molt banal. I la banalitat i la trivialitat són, precisament, els retrets que em fan quan ho dic d'aquesta manera.

Pot ser que aquesta necessitat, l'haver-d'escriure, soni banal. Ara bé, no és cert que hi ha molts més escriptors amb aquesta mateixa convicció?

A tota la història de la literatura trobem sempre que els autors senten una necessitat d'escriure, són incapaços de deixar-ho i, en certa manera, se senten impulsats a escriure. Franz Kafka va arribar a comparar el fet d'escriure amb una malaltia incurable.

Pot ser que els autors hagin de lluitar contra el bloqueig de l'escriptor (un altre lloc comú en el món literari), però de cap manera es proposen de deixar d'escriure. I si intenten deixar-ho córrer i es proposen de veritat de fer-ho, s'adonaran ben de pressa, com jo, que no en són capaços. Als qui escriuen, els costa molt deixar de fer-ho. Saben fer moltes coses, però n'hi ha una que no saben fer gaire bé: deixar d'escriure. (Sempre que tinc notícies d'algú que ha aconseguit deixar-ho, tinc els meus dubtes sobre si s'havia plantejat seriosament de dedicar-se a la literatura.)

L'evolució dels escriptors no coneix normes. Cadascun difereix dels altres tant pel que fa al procés evolutiu, com pel que fa als processos creatius i el que coneixem com a inspiració. Quan intentem esbrinar la motivació de cada autor, o bé fem nous descobriments cada cop, o bé el resultat és del tot ineficaç perquè les proves que obtenim són massa pobres.

Mai no he considerat necessari que hagi de portar al damunt un quadern (o un bloc de notes) i un bolígraf. Crec que és exagerat pensar que la sola presència d'aquests estris pugui desencadenar un procés d'escriptura literària. En el meu cas, més aviat tinc el problema que moltes de les idees em venen justament quan no puc anotar-les de cap manera: quan estic a la dutxa, nu i mullat, o quan vaig de camí cap a alguna banda i no puc escriure de cap manera, o bé en una reunió importantíssima de l'empresa on treballo, per exemple. Sovint, les idees que tinc s'esvaneixen –i això m'entristeix (i m'enutja)– i només em retornen en alguns casos. Potser és per la meva memòria, de la qual no em puc refiar gaire; o potser és que les idees que desapareixen i no tornen no tenen

46

cap valor, ben mirat, i, per tant, no val la pena recuperar-les.

En el fons, la pregunta del *perquè* no m'agrada gens. Em sembla dura, pesada i empipadora. No sé –i probablement no puc entendre– per quina raó es fa aquesta pregunta. D'altra banda, és clar que em perseguirà sempre i que me la faran en qualsevol dels indrets on intento passar desapercebut. El perquè, doncs, és un company de viatge indesitjat que estic obligat a suportar. Durant tota la vida.

Llavors?

Doncs, bé, escric perquè és així com m'expresso. Escric perquè és així com em mostro com a persona i com a membre de la nostra societat. Escric perquè ha de ser així. Escric perquè la terra gira al voltant del sol, els altres planetes fan el mateix, i l'estrella a la qual donem voltes es mou per la Via Làctia, perquè el nombre i les dimensions dels cossos celestes superen, de lluny, la nostra capacitat mental i en sabem tan poques coses.

Escric perquè soc.

Klaus Ebner va néixer el 1964 a Viena, Àustria. És narrador, assagista, poeta i traductor. Tot i que la major part de la seva obra és escrita en alemany, també escriu poemes en català.

Ha obtingut diferents premis de literatura, entre els quals destaquen el premi «Wiener Werkstattpreis 2007», el segon premi de relats breus de l'associació Österreichischer Schriftstellerverband l'any 2010 i el «Premi de Poesia Parc Taulí 2014», amb el poemari «Blaus».

Poemaris publicats en català:
«Forats», Madrid 2020
«Vestigis», Madrid 2019
«Blaus/Bläuen», Lleida 2015
«Vermells/Röten», Urús 2009

www.klausebner.eu